JN440161

오래된 풍경

이 도서의 국립중앙도서관 출판예정도서목록(CIP)은 서지정보유통지원시스템 홈페이지(http://seoji.nl.go.kr)와 국가자료종합목록 구축시스템(http://kolis-net.nl.go.kr)에서 이용하실 수 있습니다. (CIP제어번호 : CIP2020044078)

그루 현대시인선 19

오래된 풍경

구영숙 시집

그루

시인의 말

두 번째 시집을 묶는다

색이 바랜 시간을 풀어 놓았다가 감았다가
다시, 풀어 놓고
가을 속에 긴 그림자 들여앉힌다.

2020년 가을
구영숙

차례

제2부

제3부

제 4 부

제1부

이른 봄날

매화 그리다
먹물 번지는 소리 듣는다

줄기를 타고 번져 가는
고요한 흔들림

옛집 마당에 서 있던
한 그루 매화나무
화선지에 기대어 놓고

검고 고요한 저녁 빛
붉은 꽃잎에 풀어 넣는다

동글동글
봄이 벌어진다

우레 같은 가슴에 봄이 매화를
슬어 놓고 간다

봄밤

바람이 분다
자목련 그림자
창문에 일렁이고
누군가 끄지 않은
라디오 소리
웅웅 울리는 골목에
달의 눈빛 하나로
가득 차는 밤

양철지붕 위로
신발 벗고
봄꽃들이 눕는다
아주 가끔 별이 와서
몸을 섞고 가는 저 향기

속살처럼 부드러운 달빛
자목련 그림자 다 지우기까지
처마 끝에 앉아
가만히 귀 기울이면

내 몸속
텅 빈 꽃대궁
어질어질 어지러워라

봄 저녁

우편함에 거미줄 엉켜 있어
빗자루로 쓸어내고 그 속 들여다보니
엄지손가락만 한 거미가 앉아 있다
나와 그 사이
무수한 생각이 위태롭게 맴돈다
오랫동안 살아온 제집인 양
잔뜩 웅크리고 있다
내 손가락이 닿을까 봐
두려움에 견디고 있는
어떻게 할 수 없이 떠나지도 못하는
저 눈빛
우편함에 걸어 두고
내 숨소리 빗자루로 쓸어낸다
갇혀 버린 저 발길
저 生을 위해 비켜서는 내 그림자
모과나무 뒤로 숨는다

모란이 피면

아주 늦도록 마음 앉혀 놓고
새끼손톱만큼 작아질 때까지
모란 곁에 서 있어야지

철없이 푸르기만 했던 그 여름
후회가 많은 한 이별이
울고 가는 날이었던가

한쪽 어깨가 몹시 아려 와서
모란이 뚝뚝 떨어지는 저녁을
오래도록 서성이다 돌아온 길

저무는 길목에 자줏빛 속의 얼굴
그 얼굴 아직도 시들지 않았네
비록 내 신발은 다 낡아 버렸지만
다시 그 저녁 속을 오래도록 걸을 테야

아직도, 그 봄은

꽃은 피는데
온 세상 꽃 아닌 것이 없는데
그 봄은 돌아오지 않네

가고 오지 않는 날들
무수히 접어 만든 종이학은
病 속에서 자라나
기억을 갉아 먹었네

꽃은 피는데
콘크리트 담장 위에도
봄이 텅텅 울리는데
그 봄은 길을 잃었나

꽃은 피는데
온 세상 꽃 아닌 것이 없는데
그 봄은 돌아오지 않네

꽃물 들면

사람아 사람아 꽃이 핀다
온 세상 가득 꽃이 핀다
붉은 기운으로 가열되는 익숙한 빛깔들
쉽사리 꺼질 것 같지 않는 봄
지독한 봄이 피어난다

사람아 사람아 어디에 있느냐
푸른 싱그러움은 어디에 있느냐
혼자 떠나 버린 너는
산 너머 바람에 흩날리는
봄빛같이 아득하구나

사람아 사람아 혹시라도
황무지 같은 이 가슴에
꽃물 드는 날이 오면
나는 무엇을 할까 무엇을 할까

감꽃 내리는 날

누가 왔다 갔을까
텅 빈 마당에 벗어 놓고 간 발자국
바람이 와서 쿡쿡 발을 넣어 본다

오래 닫아 둔 창을 열고
기별 없이 오는 바람의 손 잡고
감꽃 내리는 소리 듣는다

꽃 진 자리마다
낯익은 햇살 머물다 돌아가면
야윈 목 치켜들고
그리움만 깊어지는데

길어진 그림자 세워 두고
누군가를 기다리며
그늘 깊은 마당에 마주 서 있는
감나무 한 그루

바람이 불 때마다
휘어지는 가지 끝에
두 귀가 걸린다

모과 곁에서

시장에서 사 온 모과 다섯 개
바구니에 담아 식탁 한가운데 놓고 보니
둥근 둘레에 박힌 빛깔
삶이 여러 겹으로 들어앉으면 저런 빛이 될까

빛이 모인 모과
가만히 뺨을 기대어 보면
새들이 앉았다 떠나간 소리 들리고
꿀벌들 잉잉대며 놀다 돌아간 뒤의
적막도 들리고
한때 타오르던 뜨거운 열정 지나간 뒤
그 쓸쓸함도 들리는데

모과는 알고 있을까
제 속에 저것들 죄다 데리고 온 것을
상처 난 모과에서 만들어내는 저 향기
누군가가 그리워 밤새 아파 본 적 있는 사람은 안다
상처엔 향기까지 품고 있다는 것을

오늘, 내 속에 모과나무 한 주 심어 놓고
그 향기에 오래오래 몸 지져 본다

저 여자 1

音이 사라진 방죽, 그 위로
흰 개가 짖는다
헐렁한 바지에 슬리퍼 끌고
한 손엔 개 목줄을 잡고
쫓고 쫓기며 지나간다

저 여자 마법에 걸린 듯
컹컹 울며 지나간다
해독할 수 없는 혼돈
둑길이 부푼다, 부풀어 솟아나고
귀가 아니라 눈으로 들어온 울음소리
사방으로 퍼져 되돌아보는 저 여자

音이 사라진 방죽, 그 위로
작고 가벼운 저 여자
구절초 줄기처럼 가늘게 휘청거리며
바람이 당기면 당기는 대로 흔들리며 가는

저 여자 2

꼬리 아홉 달린 여우 같은 저 여자
장미 같은 붉은 입술로
목석같은 지아비 반나절도 안 되어
수다쟁이로 만드는 저 여자
두레상 둘러앉아 시어머니와 눈 맞춤 하고
밥숟갈에 굴비 얹어 주는 저 여자
복숭앗빛 닮은 딸아이 셋
조롱조롱 매달고
봄바람 속 산수유꽃처럼 피는 저 여자
푸른 바람 부는 들녘으로
푸성귀 자라는 앞마당으로
온종일 춤을 추는 그녀의 발
몸이 가벼워
어떤 시간도 놓치지 않는 저 여자
이런들 저런들 화내는 일 없이
박꽃같이 웃는

저 여자 3

별로 고울 것도 없는 나이에
하이힐 신고 빗속을 걷는 저 여자

질척거리는 늦은 밤
어둡고 흐르는 물소리만 가득한 거리
편의점 옆 미용실 문이 열리고
느린 걸음으로 흘러 들어가는 여자

미용 일이 어울리지 않는 몽땅 손으로
청상과부에 아들 하나 끼고 살아온 여자
외아들 사고로 잃고 비만 오면
거리를 헤매다 캄캄한 길 돌아오는 여자

세상 떠난 아들 찾아
새 옷 갈아입고 하이힐 신고 찾아 나선 그 길
너무도 먼 데 있었나 보다
뒤축 무너진 만큼 몰고 온 적막감으로
젖어 드는 텅 빈 미용실
고요하고 캄캄하다

쓱

생각만큼 쉬운 것이 아니다 나비 문양 뜨개질은 집중력이 필요하다 처음 시도해 보는 거라 도안을 보며 뜨다가 쓱, 코 하나 놓치고 지나간다 아주 잠깐 “싱싱한 갈치가 왔어요 싱싱한 갈치” 소리가 펄펄 담장을 넘고 그 목소리 푸른 물처럼 쏟아져 들어올 뿐인데

한 번 놓친 코를 바로잡지 못한 채 실은 끌려간다 오래전 붉은 바다를 눈 속에 담아내듯 하루살이처럼 광란의 불빛. 음악 속에 수많은 사람 중 쓱, 스치고 가는 한 사람

솟았다 너울거리다 빨랐다가 온통 푸른빛에 매달렸던 우리, “Let it be Let it be” 밤새 외치던 그 여름 오늘처럼 푸른 물소리 내 귀에 가득 넘칠 땐 사랑이었을까, 쓱 정지된 스물이 끌려 나온다 코 하나 놓쳤을 뿐인데

골목집

분명 재개발되었으리라 믿었던 오랜 옛집
주인이 바뀌어도 수십 번 바뀌었을 그 집
아직 남아 있다

반쯤 열린 대문으로 흑백 속의 아버지
화분마다 주술 같은 꽃말 걸어 두고
무수한 주름 펴졌다 접어졌다
사랑의 눈으로 바라보던 아버지

꽃을 키웠는지 꽃이 아버지를 키웠는지
마법에 걸린 듯 육 남매에 묻혀 흘러갔던 시간
추락하고 일어서고 또다시 캄캄했던
그 많은 날이 숨 쉬던 집

이곳저곳 쳐다봐도 이미 늙어 버린 풍경
깊이 뿌리 내린 명자나무와 석류나무만이 나를 반긴다
저 낯익은 풍경
서러운 내 마음 같은

밥 한 그릇

겨울 저녁
아버지 귀가 시간 늦어지는 날
어김없이 아랫목 이불 속에 묻혀 있는
밥 한 그릇, 행여 식을까
이불 꼭꼭 덮어 두었지

아랫목 온기 때문이었을까
어머니의 사랑이었을까
밥은 늘 따뜻했고
어쩌다 우리들의 발이 닿기라도 하면
파르르 떨기도 하고 눈물을 흘려
방바닥이 축축하기도 했지

다 늦은 밤
밥상 위에 올려놓은 밥 한 그릇
자다가 일어나 얼마나 남았는지
가만 보고 있으면 아버지 수저를 놓으시고
남겨 주던 그 다디단 흰쌀밥

오월이면 이팝나무 숭얼숭얼 꽃 필 때
꼭 생각나더라

그 여름

어린 날 대청마루 밑으로 기어 들어가면 동전도 있고 몽당연필도 있고 머리핀도 있고, 먼지 사이사이 아버지의 고함도 있고 어머니 울음도 있었다 초여름 햇살 빗금처럼 내리꽂혀 깊은 바다 속에 금이 가고 있는 것 같은, 向이 없는 바닥엔 작은 손가락들 자라고, 흐르지 못하는 바닥위에 바닥이 조금씩 앞으로 가고 있었다

한 뼘 거리에서 거미가 쳐 놓은 줄에 사마귀 한 마리 갇힌 순간, 그 떨림이 멈추기까지 내 오른쪽 눈과 왼쪽 눈이 번갈아 뜨거웠던 기억, 사마귀가 내 손가락을 기다리고, 사마귀를 옮겨 놓기까지 실종된 사물들과 수많은 진술이 흙 속으로 들어가고, 나는 빈 자루처럼 엎드려 장독대 옆 맨드라미 속으로 오후 햇살이 들어가는 것 보고, 마당 바깥에서 어머니 저녁을 안고 떠밀려 오는 것도 보고, 적막이 낮달 속을 걸어 나오는 것도 보고, 처음으로 쓸쓸함과 적막을 알고, 갑자기 늙은 아이가 되어 버린 그 저녁, 아버지 눈 속에 핀 환한 박꽃이 창백한 내 얼굴을 밝혀 주던 그 여름

시간이 자랄수록 몸의 기억이 끌고 오는,

세상 어디를 둘러봐도 지금은 없는 아버지와 그 대청마루

반짇고리

문갑 위에 올려 둔
어머니의 보물 상자
그 속엔 투박한 돋보기와
박달나무로 만든 실패,
바늘꽂이, 헝겊 조각들이
옹기종기 모여 살고 있다

세상은 변하였지만
손때 묻은 반짇고리 안엔
그 옛날 시간이 멈추어 살고 있다

살구나무 아래 어둠이 내릴 때면
한 점 촛불을 켜고
자식들 해진 옷과 양말 꿰매시던 날들
깁고 이어 붙이는 솜씨가 좋아
명절이 오면 비단 조각
한 땀 한 땀 박음질하여
색동저고리 지어 주시던 일

반짇고리 속엔

온 하루 물소리에 감겨서
분주하게 흐르던 세월 담겨 있고
빛바랜 돋보기 위로
선명하게 남아 있는
젊은 어머니의 얼굴이 웃고 있다

검은 눈물

잠과 잠 사이 캄캄하게 젖어 가는 사이
꿈속으로 들어온 어머니
팔랑팔랑 나비가 되어 눈부신 날갯짓으로
호박꽃에 앉았다가 가지꽃에 앉았다가
곤충 채집통 속으로 흘러 들어가
박제되어 꽂혀 있는 어머니
내 속 깊숙이 박힌 화인 같은 뜨거움
카네이션보다 더 진한 슬픔 하나를 끌어내다가
꽃밭에 물이 증발해 버린 흙덩이 위로
쏟아지는 눈물
어머니 나를 부르네
빈 항아리처럼 앉아 나를 부르네
몇 개의 방을 지나 흘러 들어가는 꿈을 바라보네
검은 지붕이 달을 뚫고 들어가네
어둠과 어둠 사이 흰 벽을 집어넣고
어느새 달이 와서 앉아 있네
늦도록 틀어 놓은 TV 소리에 얹힌 어머니
이따금 귀에서 윙윙 울리는 이명 소리
가만히 견뎌내는 당신의 눈을 보네

울음이 화석이 되어 갇히네
천천히 나를 가두고 있네

쌀 안치는 저녁

환한 아궁이 앞 어머니 쌀 안치는 소리
여섯 켤레 신발들 댓돌 위에 나란히 누워
제 키를 키우는 동안
맨 나중 뭉툭 닳은 큰 신발
길모퉁이 돌아올 적에
얼기설기 잇댄 사립문 위로
귀를 세우며 반기던 저녁

낡아 가는 조그만 집 한 채
가난한 어머니 손엔 늘 물소리 나고
찰방찰방 물소리 뒤집어쓴 시렁 위로
뒷산 뻐꾹새 울음 잠시 앉았다 가는 저녁
쌀을 안치고, 사랑을 안치고
저물어 가는 강물 곁에 쌓이는
빗소리 같은 저 소리

어머니의 어머니가 살고
오래 묵은 손때가 모여 사는
나 태어난 집
웃음소리 울음소리 피었다 지고

다시 피었다 지는
그들만의 무늬 하나를 가두었던
녹슬어 가는 저 풍경으로 자주 들어가는 일
모천으로 회귀하는 연어처럼 본능인 까닭이겠지

아무 일도 일어나지 않은 날

눈을 떴을 때
등이 서늘히 식어 있었네
밤 내내 낯선 길 헤매는 나를 좇아서
달구지 끌고 오던 소 한 마리
엄청나게 황금빛으로 눈부셨는데, 나는
눈을 감을 수 없었네
자꾸 앞길 막아서는 소
번쩍번쩍 빛을 쏟아내며 사정없이 들이박고
내 온몸 감겨 오는 황금빛
웅크려 엎드린 채 소리 내보냈지만
혓바닥이 너무 말라
말이 되어 나오지 않았네
아득한 공포 속에서 깨어나 골똘히 생각하다
황금빛에 잘생긴 소
어쩐지 좋은 일 생길 것 같아
로또 두 장 샀네
그리고 주말을 기다리며
고래 등 같은 기와집 한 채
어머니께 지어 드려야지

(로또 인생으로 컴백할 것처럼)

그러나 아무 일도 일어나지 않았네

제 **2** 부

의자 밑 그늘 속

여름 한낮
길 잃은 고양이
버려진 의자 밑으로
기어들어 간다
경계를 늦추지 않은 채
까맣게 올려다보는 눈빛
우두커니 서 있는 내 눈 속에
제 얼굴 비춰 본다
그늘이 꽉 찬 의자 밑
살아 있는 작은 영혼들이 지나간다
몇 번의 손가락이 닿고
차츰 경계를 지우는 몸짓
흔들리는 잠 속에
물속같이 고여 드는 둥근 몸
오랫동안 헤매었던 시간 내려놓고
꿈속으로 잠기는 눈
햇살이 낭자한 여름 한낮
그늘이 가득 찬 의자 밑으로
시끄러운 세상도
저 고양이처럼 잠이 들고

봄 그늘에

저만치 새 한 마리
나뭇가지에 앉아
울고 간다

봄 그늘에 서서
방금 떠난 새 발자국 올려다보니

소리가 남긴 여운
야윈 몸속의 뼈를 녹이고
눈 속엔 눈물샘이 말라
울 수 없는 내 마음
나무의 팔이 안는다

연꽃 보러 갔더니

꽃은 보이지 않고
연못 둘레에 아이들 노는 소리
그 소리 품으시고 입적하셨나

바람 한 점 없는 서출지
배롱나무만 수맥을 짚고
꽃 피워서 미안하다는 듯
슬며시 아이들 웃음소리에 섞여
연못 속으로 제 그림자 밀어 넣는다

연꽃 지는 길

부산하게 오가던 사람들
비에 씻겨 갔나
홀로 젖은 길 돌다가
가만히 바라보는
꽃 진 자리

연잎 위에 고인 물방울
은빛으로 피어난다
별을 품고 흔들리던 꽃들
어느새 떠나간 자리

빗속으로 세상은 조용한데
느닷없이 한 무리 여행객 속의 도드라진 음성
"진흙은 깨달음의 토양입니다"
공손히 뱉어 놓고 간 마지막 말
내 눈과 귀를 적시네

여름 내내 떠받치고 있던 화두
물소리와 함께 내려 보내며
영원히 떠나지 않을 것 같던

그 사랑도 떠나가듯
그렇게 연꽃은 지고 있네

바람은 내게

살구나무 꽃 피는 아침 무늬처럼
살라 한다

눈에 가득 순한 웃음 담고
꽃잎에 맺힌 이슬방울같이
살라 한다

분노도 침 삼키듯 넘겨 버리고
시끄러운 마음 붙들어 앉혀
생각도 재처럼 가라앉히고
물처럼 바람처럼 살라 한다

듣다가 듣다가
내 귀가 너무 늘어져
이 시들한 세상에 가끔 너도
이빨을 드러내잖니
눈 말갛게 뜨고 대들어 본다

바람의 말

— 경주 5.8 지진 일어나던 날

환으로 빠져나간 하늘
거꾸로 땅에 박혀
다시 오는 환의 붉은빛
오래 전 이름을 잊어버린
화가의 그림 속 같아요

두 눈 속에 장미가 흔들려요
얼굴 없이 표정 없이
빨간 입술만 흔들려요
도시 한가운데로 몰려온
이 낯선 요동
천 년 전 전쟁 속의 수많은
말발굽 소리 같아요

밤이면 사람들은
두려움을 양옆에 끼고
잠을 이룰 수가 없어요
심장 박동 소리 위태로워요
구월이 무너져요
빨간 지붕이 어지러워요

하루

어제는 기억에도 없고
오늘은 낯설다

긴 겨울 빠져나간 뒤
바위 아래 핀 제비꽃

그 빛깔
허공에 닿아
세상을 관통한
깊고 깊은 빛

한없이 낯설고 낯설어
바라보지 못한 채
꽃물에 젖어 든 하루

우중

빈 호수가 젖는다
그 속에 비친 산이 젖는다
거기 눌러앉아
미동도 하지 않는
나무 한 그루

산이 잠긴다
나무가 잠긴다

빈 마음이 젖는다
마음 안에 들앉은 널
떠나보낸 빈자리가 젖는다

서천

햇빛 가득한 강물 위
흰뺨검둥오리 물속에 비친
제 모습 내려다본다
산이 내려와 눕는다

산자락 곁에 작고 눈이 젖은
흰뺨검둥오리가 뛰어들고
흔들리는 강물 속으로
하늘이 비켜선다

귀

물 개구리 우는 밤
마루 끝에 앉아
나 먼저 듣네

꽃이 떠나가는 소리
아득히 멀어져 가는 소리

사월

뛰어드는 눈발 속에 한참 서 있었다
키 큰 벚나무들 허공을 흔드는 소리
꽃잎이 춤을 춘다
사람들도 춤을 춘다
머리 위로 눈꽃이 빛나고
킥킥 웃는 혓바닥엔
달콤한 밀어가 피어오르는
이 환장할 봄날에
몸속 깊숙이 흐르는 강물 같은 저녁
사월에 가두어 놓기엔
너무도 환한 저 빛들

돌아오고 돌아오는
꽃의 영혼들과 마주 설 적에
함부로 내딛지 못할 발걸음 거두어
겨울보다도 더 환한 빛으로 오는
오직, 흰빛뿐인 사월의 길을 본다

청산도, 봄

시간이 멈춘, 섬
언덕 위에 떠 있는
양귀비꽃
온몸으로 황홀한 춤을 춘다

저 붉은 눈빛
집요하게 끌어당긴다
기어코 꺾이는 내 발목
너와 나 그 어디쯤에서
슬쩍, 핏빛으로 물들었을까

눈도 코도 입도 작은
이브의 불량한 입술 같은 너
맹렬하게 다가오는
숨 막히는 붉은 물결
아, 뜨거운 봄

화두

십 리 벚꽃 길 따라 쌍계사 가는 길
바람의 손이 쓸고 간다
꽃잎 하르르 허공을 날아오르며
"너는 어디서 왔느냐"
"너는 누구냐"
툭 화두를 던진다

눈 한 번 껌벅이는 사이
空과 色이 날아간다
캄캄히

꽃잎이 진다
하얗게

저 빛들, 모두 어디로 가는 걸까
나는 어디서 날아와
이 별에 둥지를 틀었을까

먹물

빛바랜 무명 치마에
먹을 갈아 물들인다
파고드는 색감
법문 닮았다

'모든 존재의 본성은 불생불멸'이라는
그 한 줄 말씀
조물조물 비벼서 넣어 본다

내 몸에 달라붙는
빛깔의 욕망 벗어나니
空 하고 空 하여
치마폭 자국자국 경전이다

붉은별무늬병

명자나무 잎사귀에 붉은 별들 매달려 있다
하늘 비스듬히 올려다보는 저 무늬들
치유의 시간 오지 않고 붉게 젖어만 간다

고향 집 쪽 창문에 기대어
명자꽃을 좋아했다는 갈래머리 소녀
마흔일곱 되어 차마 말 못 할 상처 안고 돌아온 뒤

날마다 퍼붓는 소낙비같이 쏟아지던 말들
풀어 놓은 바람 떼처럼 휘돌아 가던 날
꼭 풍병 든 사람같이 온몸 바람 소리로 떠들어 대며
내 귓속으로 들어와 토해 놓던 울부짖음

칠월의 푸른 것들이 엿들으면서
기억 속을 들락거리는 사이
한 생각이 피었다 진다

잎사귀에 내려앉은 별들의 영혼
오랫동안 기억에서 기억으로 버티고 있는
얼룩진 흔적들
마침 그녀인 듯, 天刑인 듯 붙어 있다

꽃무릇

서로 그리움만 남겨 둔 채
엇갈리는 인연
꽃은 잎을 볼 수 없고
잎은 꽃을 볼 수 없는
영원히 어긋나는

저 울음처럼 솟아나는 꽃대를 보라
가슴 찢고 나오는 저 붉은빛을 보라
손 닿으면 금방이라도
붉게 스밀 것 같은 꽃아
얼마나 외로움을 우려내면
그 빛이 될 수 있니

동백처럼 지는 저 빛

길이 끝날 즈음
해변엔 동백 무더기로 피었다
파도는, 더는 채울 일 없는 바닷물을
자꾸 밖으로 밀어내며
지는 노을에 손을 적시고 있다

둥글게 휘어지는 백사장
바람에 날아가 버린
네가 버린 귀를 주워서
동백에 귀 기울이며 바라본
아득한 저 빛깔

붉음 속에서
말이 되지 못한 것들이 매달려
새가 디딜 때마다
울음 빛이 부서지는 저녁

서쪽 하늘 저편으로
날아가는 동박새 한 마리
노을을 삼키고

몇 줌, 붉은빛을
바다에 뿌리고 간다

제3부

귀뚜라미

한여름 물속에서 머물던 그사이
며칠 되었다고
구월의 달빛 흩어 놓으며
내 누운 머리맡으로 던져 놓은
저 쓸쓸함이여

누구의 소유도 아닌 저것
저 작은 숨결에서 나온 가락
어떤 음악이 이토록 심장에
와 박힐 수 있을까

깊은 밤
명주실처럼 펴져 나간 골목길
달빛과 귀뚜라미 소리가
겹겹으로 쌓여 가을이 운다

적막보다 돌아오지 않는
푸름 안고 목말라하는
이 빈껍데기가 더 두려운 지금
물방울 같은 소리로 허공에 꽂히는
너의 목소리는 이리도 푸르다니

病 속에 갇힌 시월

애야!
작은 실개천에 달빛 부서진
물결을 보았니?

오후 햇살 아래서
억새밭이 물결치는 걸 보았니?

다 저문 골짜기마다
물에도 단풍 들었는 걸 보았니?

그도 저도 아니면
밤하늘 뭇별들이 떨어져
호수에 떠가는 불꽃이라도 보았니?

잠깐,
거기 글썽이는 어미의 눈동자는 보았니?

소래포구에서

설익은 바람이 몸을 휘감았다
새들이 찾아드는 포구
한 무리 거대한 발자국들이
몰려왔다 떠나가는 소리

아직은 바다를 건널 수 없었다
이곳에 내리는 세월은 갯벌에 쌓여 가고
바다를 오래 걸어서 온 흰 갈매기 한 마리
굽은 등이 움직일 때마다
상형문자가 뒤따라간다

물이 들어온다
몸속으로 흘러 들어오는 물소리
쿨렁쿨렁 쿨렁쿨렁
가슴 어디에 해수병이
이만큼 자라고 있었나

그리운 동해여
너의 파도 소리만큼 그리움이
몰려왔다 몰려간다

근황

눈이 오는가
돌담 길 돌아가는 흰 발자국 소리
오는 이 하나 없는
외따로이 앉은 방 안에서
마당 개 짖는 소리 듣네

저녁은 열리지 않는 덧문에도 몰려오고
푹푹 눈은 내리고
창 속 작은 방, 눈 속에 잠기네
한 여자 눈 속에 갇히네

애월

거울 속에 비친 바다
그 위로 번져 가는 달빛
잠 속으로 따라온다

맨발 벗고 뼛속까지
오래 잠겨 있어도
달빛에 물들지 않는
불온한 내 영혼

물과 바람이 흩어 놓은
지친 발자국 아래
검은 돌들
침묵으로 박혀 꿈틀거린다

저 돌들
두드리고 두드려서
비문을 새겨
너와 나의 경계선에 세워 놓고
두 귀는 닫아서
끝없이 질문하는 파도 소리는
듣지 않으리라

센 강은 흐르고

나는 흘러가네
이방인이 되어서 흘러가네
이별은 언제나 뒤돌아보지 않고 떠나가네

마주 잡았던 손길들
악수도 없이 떠나가네

흘러간 것들은 다시 노래가 되어
미라보 다리 아래 떠오르고
고요한 별빛도 강물 따라 흘러가네

흐르는 강물처럼
다시 잡을 수 없는 시간이 흘러가네
사랑도 흘러가고 나도 흘러가네

꽃 진 자리

또 한 번의 봄이 왔다 간다
벚나무 가지마다 흉터처럼
남아 있는 저 꽃 진 자리
지는 것들은 왜 죄다
슬픈 냄새가 날까
떨어지는 꽃들 바닥을 칠 때
그게 나였는지도 몰라

꽃잎 떠나보내고 봄이 가는 길
무릎에 닿는 시간의 주름이
관절마다 뻗어 와서
자주 휘청거리는 봄
산다는 것은
나뭇가지에서 꽃잎 빠져나가는 것과 같아
흘러가는 하루 중에 너를 세워 놓고
비로소 알게 되네
벚꽃 같은 웃음 뒤엔
저녁처럼 오는 쓸쓸한 빈자리가 있음을

풍경 1

꽃잎에 앉아 졸던 나비 한 마리
흔들리고

꽃 향기에 지나가던 자전거
조금 더 흔들리고

눈 속에 머물던 풍경
그리고 생각 한 줄기

흔들,
은빛 바퀴가 자르고 지나간다

풍경 2

모과나무 그늘이 흔들린다
아침에 보지 못했던 분홍 부리
혀뿌리에 감춰 둔 봄이 떨어져 나와
공중에 가득하다

불쑥 나온 작은 입
호랑나비 먼저 알고 입맞춤한다
바람결에 일렁이는 꽃잎
하고 싶은 말 있는 듯
벙글벙글 웃는다

앵두꽃 피면

모시조개국 한 뚝배기 끓여
헐거워진 뱃구레 채운 뒤
환장하게 환한 꽃빛 베고 누우리

그리고
온몸으로 꽃의 치도곤을 맞으리

대숲

바람이 대숲을 흔든다
단순한 흔들림인 줄 알았더니
앞쪽에서 흔들어 보다가
뒤쪽에서 잠시 흔들어 보다가
다시 양쪽 옆을 흔든다
그냥 불쑥불쑥 흔들어 보는 것이 아니라
춤을 추듯 노래하듯 출렁이며
대숲을 천천히 다 둘러보고
나오는 바람

정연한 현의 울림같이
댓잎에 번지는 선율
저 숲에 둥지를 틀고
초록빛으로 물든 혀로 노래 부르며
대중없이 흔들릴 때가 많은
내 속의 바람 잡아 놓고
시절 없이 한 이십 년만 더 살고 싶어라

목련나무 아래

슬픔 하나가 다가왔다
흰 꽃잎 같은 강아지 한 마리
몸을 모로 뉜다
버려질 때 닫혀 버린 입
먹이 앞에서도 열리지 않는다
털이 뭉쳐 잘 볼 수 없는
두 눈만 말을 하고 있다
그 소린 완강한 침묵에서
벗어난 소리였다

귀를 쫑긋거리며
나무가 내려다본다
나무 아래 몸을 부리고 있는 한 생명
오지 않는 주인을 기다리며
떠다니는 상처의 길
얼마나 뒤돌아본 시간이 많았을까
한바탕 건너온 그 기억을
나무는 모른다
지금 처음 본 너를 위하여 팔을 벌려
그늘을 만들어 줄 뿐이다
고단한 잠을 위하여

머루

머루 포도밭에 한 아이가 쪼그리고 앉아 있네
방금 요란하게 울던 울음
포도알이 삼켰나
고요 사이로 아무렇지 않게 버려져 있는 아이

부모의 발자국 돌아오지 않고
수녀님, 아이의 이름 물을 때마다
입 안에 든 포도알만 불룩불룩
"몇 살이야" 묻는 말에 손가락 다섯 개
쭉 펴 보이던 아이

포도밭에서 발견된 날을 생일날로 정하고
머루 포도, 그 말 속 이름 따서
머루의 하루가 기록되어 가네

수녀님이 엄마 되어 낯설어할 때마다
어린것 가슴으로 데워 가며
밤하늘 별들과 함께 잠투정 재울 때
달빛도 그 소릴 듣고 발소리 낮추네

천사의 집에 오늘 또 한 켤레
예수님 신발이 들어가네

상강

서리 내리는 날
아버지가 가꾸던 국화 데려왔다

이맘때쯤이면 긴 장대 들고
감 따러 가자시던
어린 날의 아버지만 생각난다

구절초 따다 차를 끓여
제에 올렸는데
어느 별자리 뒤뜰에 서서
감이라도 따고 계시는지
아직 아무 기별이 없어

서늘한 바람만
먼저 들어왔다가 나가고
또 나갔다 들어온다

하현달

뿌리를 뽑아야지
새끼발가락 사이에 생겨난 티눈
매일 저녁 세월 잘라내듯
발가락과 발가락이 닿는 아픔을 잘라낸다

밤늦도록
잠 못 들게 하는 하현달처럼
헤집을 때마다
뿌리는 한쪽으로만 기울어져 갔다

몇 날 며칠
달궈진 못이 박힌 것같이
뜨거운 상처만 키웠다

나도 모르게
내 몸에 박혀 버린 흔적
전혀 거기에 있을 것 같지 않은
한쪽만 움푹 파인 달이
아픈 자국에 겹쳐져 있었다

그해 겨울

역을 끼고 구부정 휘어진 길에 놓인 국밥집
기차가 지나갈 때마다 등을 기댄 의자들이 흔들렸고
금이 갈 것 같은 창문에 귀를 매달아 놓고
우린 늦은 저녁을 먹었다

입영 열차는 좀체 오지 않았고
마음보다 더 작아지는 몸 자꾸 옷 속으로 말아 넣으며
탁자 위 성냥개비와 서로의 생각을 똑똑 부러뜨렸다
다 삼키지 못한 밥알이 오래 입 안에 머물러
불어 터진 쓸쓸함이 혀를 핥고 지나갈 때
누군가 노래했다
"술 마시고 노래하며 춤을 춰 봐도 가슴에는 하나 가득 슬픔뿐이네 무엇을 할 것인가 둘러보아도 보이는 건 모두가 돌아앉았네"

노래처럼 아무것도 이루어질 수 없었던
암울했던 그 시절
우리들의 바보 행진은 끝이 나고 사랑조차 떠나게 했던
그 겨울, 늦도록 서성이던 때 묻은 운동화들
하나 둘 열차에 오르고

남은 자들이 돌아오는 긴 골목길
유난히 좁고 추웠던 기억뿐이다

화분이 있는 창

이월의 찬 기운 속에 서 있는 저녁
아무것도 심겨 있지 않은 화분이
창가에 걸터앉아 있다
오랫동안 비워 두었던 시작 노트처럼
죽은 화초가 뽑혀 나간 자리
꾸덕꾸덕 말라 가고 있다

콘크리트 껍질에 둘러싸여
빈틈없이 꽉 닫힌 고요
그 속으로 들어가는 여자
손을 뻗으면 일용할 희망이
잡힐 것 같은 형광 불빛
그 아래서 밥을 짓는다
말린 토란잎을 불리고
갈치를 굽는다

문득 권태로운 평화를 지우고
저 화분 속으로 들어가
꽃을 피우고 싶은 여자
하루쯤 뿌리를 내려

연둣빛이라도 틔우고 싶은 여자
진정 그날이 오기는 올까
소리 없이 삭아 가는 몸 위로
뜨거운 생각 녹아내릴 때
문 두드리는 바람의 아들
고요를 헤치며 들어온다

달집태우기

나루 끝 화장터
한 죽음이 재가 되어
세상 끝을 관통하는 걸 보았다
살아생전 한 번도
태아를 가져 본 적이 없었던 고모
정월 대보름이면
빈 들판에 서서 둥근 배 속에
달이라도 품을 듯, 빌고 또 빌었던 고모
마을 사람들 모여 달집 밀어 넣고
그 속에 불이 댕겨질 때도
두 손은 달을 향해 모았다

신은 인색했다
그믐달 눈곱만큼이나,
어느 겨울 노름빚만 쥐여 주고
사라져 버린 남편의 뒷등을 기다리며
칠순의 시간을 거두어 갈 때까지
단 한 번도 이루어지지 않았던
그녀의 염원
홀로 덩그러니 섬처럼 살다가

오늘 망자가 된 고모
안동포 수의 곱게 차려입고
달집 되어 활활 떠나가고 있다

논골담길

왜 돌아봤을까
이야기가 그려진 벽과 벽 사이 걸어 나왔을 때
등이 굽은 할미꽃, 유모차를 밀면서 흘러간다
요란한 바퀴 따라 흘러간다
기억의 속도가 빠르게 다가오고
나의 눈은 오래 전 돌아가신 고모를 그려 넣고
그녀가 살던 담장이 낮은 작은 집 그려 넣고
한 번도 아이를 가져 본 적이 없는 그녀
홀로 숨 쉬고 견딜 수 있게 한 것은 무엇이었을까
생각해 본다 기억으로부터 흘러서 온
바람이 거친 동해 묵호
멈춰 버린 시간 속으로 무거운 함지박 머리에 이고
골목길 올라오는 그녀
비탈길 따라 구불구불 그녀의 생이 흘러온다
가족사진 한 장 없이
몸에 깃든 생선 비린내 빠져나갈 틈도 없이
머리 위에서 함지박 내려놓듯이
생을 빠져나가 버린 그녀
지나가 버린 그 시간이 동해 파도처럼

밀려드는 저 골목
둘이 걸으면 딱 맞는 긴 골목길

제 **4** 부

옹알이

햇살에 비친 흰 강물 같은 소리를
내 정수리에 뿌려 대며
잇몸으로 웃는 아이

까만 속눈썹 깜박이며 터져 나오는
높은음자리의 음색

어떤 날은 파닥이는 은빛 멸치 떼 같고
또 어떤 날은 봉숭아 꽃물 같기도 한 언어들

두 무릎에 앉히고 작디작은 혀가
구르는 소리 듣노라면
두 귀의 골짜기가 환히 밝아 온다

입학식

이름표 달고 또래 친구들과 서 있는 아이
키가 큰가 싶으면 뒷줄 아이보다 작아 보이고
작다 싶으면 앞줄 아이보다 커 보이는 아이
세상 다 곱게 보이는 아이의 눈
자주 뒤돌아보며 나의 위치를 확인한다
분홍 손톱 꼼지락거리며 옹알이하던
깃털 같은 때가 엊그제 같은데
지금, 의젓하다
배정된 교실로 돌아온
양떼구름같이 모인 아이들
친구들의 들뜬 눈빛을 마주하고
노란 풍선에 꿈을 적어 가는 아이
'비행기 조종사'라고 삐뚤삐뚤 적어 논
풍선이 머리보다 크다
이름이 호명되자 냉큼 풍선을 들고 나간다
또 한 번 내 위치를 확인하고
"내 꿈은 비행기 조종사예요"
조금은 수줍은 듯 씩 웃는 아이
창밖에 햇볕이 콸콸 쏟아지는 정오

운동장에 서 있는 키 큰 나무들도
벙글벙글 웃고 있다

숨바꼭질

매화에 홀려
달밤을 서성인다
티끌 하나 없는
흰빛의 몸짓

긴 유배에서 풀리고
집착의 사슬에서 풀리고
서녘 하늘 푸른 기운에서 풀려 나온
꽃잎 하나
은하계 사이 빛의 속도로 갔다 와선
별들과 숨바꼭질을 한다

골목을 다 돌고 온 별 하나
고요 뒤에 숨어
수줍게, 안녕
내 속눈썹 아래로 숨어든다

오래된 풍경 속으로

햇볕 좋은 날
격자무늬 문짝들 모두 마당에 내놓고
온 식구 매달려 누른 창호지
벗겨내던 손길들
깡마른 외할머니 분주히 오가며
묵었던 세간의 먼지 닦으시고
우리들은 새 창호지 다 발라 놓고
곱게 말려 두었던
국화잎 단풍잎 덧붙여 모양내어
담장에 기대 놓으면
바람이 와서 팽팽히 당겨
장구 소리 내던 기억
달빛 그림자 창호지 문에 어른대는
겨울의 기나긴 밤
육 남매 화롯불에 둘러앉아
가래떡, 고구마 구워 먹으며
외할머니의 구수한 옛이야기 듣던 밤
밤새 함박눈 사락사락 내리는 날은
그 소리도 정겹던 겨울 속 풍경들

봉숭아

병원 뒤뜰에 핀 꽃잎 따다
저녁 어스름과 버무려
손톱 위에 꾹꾹 눌러 놓으니
어느 저녁 풍경이 물들어 온다
장에 간 엄마 돌아오지 않고
덩그렇게 놓인 빈집 지키던 아이들
칭얼대는 어린것들 나무 아래 불러 모아
열 손가락 손톱마다 물들여 주던 그녀
재재거리며 온종일 따라붙는 막둥이
제비 알처럼 품고 꽃밥 지어 먹이던 그녀
엄마의 그림자 같은 언니가 지금
나무 물고기처럼 몸의 반쪽이 굳어 누워 있다
쓸쓸한 그 여름 저녁 같은 병실
문을 열고 들어서니
팍팍한 삶을 살아온 주름이
날 보고 있다
반쪽의 성한 팔 내밀며 손짓하는 그녀
그 옛날 빈집 같은 풍경으로
희미하게 웃는
저 울음 같은 미소 속에서
봉숭아 씨앗들이 아프게 깨어나고 있다

런닝구

시간이 지나면
새것들은 다 낡아지는 법
구멍 난 엄마의 낡은 런닝구
언제나 마지막은 걸레가 된다

많은 발자국 지울 때마다
흰 얼굴 검게 변하고
온몸 물에 젖어 살이 패도록
이곳저곳 더러움 닦아내는 고행길

어제 몸을 감싸 주던 속옷이
오늘 걸레로 전락해 버린 신세
머리 들고 살 때보다
낮아지고 가벼워지는 몸뚱이

제 속에 있는 것 다 내려놓고
세상에서 가장 낮은 자세가 되다니

같은 것들

굴뚝으로 그을음 섞인 연기 올라온다
아궁이 위에 얹혀 있는 가마솥, 물이 끓고 있다
군불 땐 가마솥 밑바닥은 늘 새까맣다
솥뚜껑이야 날마다 행주로 닦아 주니
윤이 나고 반짝이지만 그 밑은 늘 새까맣다
그것도 모르는 가마솥이
굴뚝으로 나오는 그을음 보고 새까맣다고 흉을 본다
제 밑 검은 줄 모르고

빰이 붉은 아이들 다 어디로 갔을까

오래 전 우물이 있던 자리 수동식 펌프가 들어서고, 한 바가지 물을 부어 주면 깊숙이 땅속으로 들어가 출렁출렁 많은 물을 데리고 왔었지

여름이면 개구쟁이 아이들 서로 등목시켜 주고, 겨울날은 온기가 있어
골목에서 뛰어놀던 빰이 붉은 아이들 몰려와 한바탕 출렁거리고 돌아가던, 그 우물가에 번지던 물방울들 지금도 선연한데, 그 집에 들어서면 이젠 북채만 한 수도가 덩그러니 앉아 있네

나팔꽃 덩굴에 꿈을 꾸었던 시절, 밤하늘 모래알처럼 수많은 별 헤던 눈동자들 다 어디로 갔을까

구불구불한 골목 안에 비슷비슷한 이름들, 해가 지면 집집이 불러들이던 소리, 창을 넘어오던 그 이름들, 다 어디로 흘러갔을까

연필

칼날이 지나갈 때마다
제 살과 뼈를 내주는
목덜미

다 깎은 연필
필통 속에 나란히 세워 놓고
먼 길 헤아려 본다

한 나무에서 수만 개의
울음 자국으로 갈라져 나온 너

숲 떠나온 지 오래되었건만
푸른 바람 소리도
등 뒤에서 지던 해도
아직 잊지 않고 있는 너

뾰족한 정수리에
햇살 사각거릴 때도
밤하늘 별빛 모두 건져
흰 종이 위에 나란히 물들여 갈 때도

너의 발은
자꾸 멀리 가려고만 한다
입은 도돌이표처럼 돌아오는
긴 노래를 부르고
귀는 푸른 바람 소리를 그리워하며

11월

바람이 분다
서둘러 오는 찬 바람
옷깃을 스치는데
천지간 돌아갈 곳 없는
잎 진 나뭇가지에 앉아
순하게 우는 새
울음소리 잠겨 드는
쓸쓸한 저 뒷모습

바람이 분다
잎이 진다
누가 저 새 좀 데려가 줘
저녁노을 속에 흔들리는 저 새를

이 가을에 하는 일

다저녁때
습기 빠져 말라 가는
나뭇잎 지켜보는 일

귓바퀴에 매달리는
풀벌레 울음소리
그 가을, 그 어느 날을
가만히 흔들어 보는 일

성묘

벌초를 끝낸 산소
고봉으로 퍼 담아 논 밥그릇 같다
아직도 체온이 다 빠져나가지 않은 듯
햇빛 아래 따사롭다

금방이라도 절룩거리며
걸어 나올 것 같은 어머니
수의를 손수 맞추어 놓고
옷이 너무 잘 맞는다고
합죽한 입으로 웃던 그 얼굴

폐에 물을 가득 안고
출렁거리며 병원 드나들던 여러 날
풍요롭던 몸집 마르고
풀 냄새가 나던 어머니

한 사람씩 둥근 봉분 쓰다듬고
가족들 괜히 다닥다닥 붙어
풍성한 분위기 만들어 절을 올린다

서쪽으로 가던 노을
술잔에 일렁이고
그리움은 어느새 붉은빛으로 와서
목을 적셔 준다

나무 아래 저 세계

새까맣게 몰려 있는 눈빛들이 드나들던 길
거기 여러 개 구멍이 나 있다
땅을 파 들어간 개미들
석 자쯤 떨어진 모과 뿌리까지 닿았을까
아니, 저 구멍은 열댓 자 더 떨어진
석류 뿌리까지 닿았을 거야
아니, 더 나아갔을지도 몰라
발소리 숨어 버린 저 구멍 안의 세계
감히 짚어낼 수 없는
또 하나의 세계가 펼쳐져 있을 거야
셀 수 없는 다리들이 지축을 흔드는 저것들
지금 무엇을 걸고 거래 중일까
내가 평생 밥을 위해 거래하고
채워지기를 바라던 그것과는 다르겠지
검은 활자들이 떼 지어 들어가는 저곳
일생을 똑같은 자리에서 맴도는 나를 비웃듯
한 번 흘러 들어간 활자들 돌아오지 않네

늘어나는 구멍들의 수를 세면서
이쪽과 저쪽을 구별 없이 넘나드는

연결 통로에 무릎 대고 앉아
가깝고도 먼 곳
저들이 밟고 지나간 시간을
켜켜이 쌓아 본다

카이로의 하루

낙타는 하루 수십 번씩 앉았다
일어섰다 반복한다
거대한 피라미드 뒤에 두고
관광객들 태울 때마다
앵글 속에 갇히는 낙타

사막의 먼 이야기는
모래가 되고 흙이 되어
먼지 자욱한 시간을 걷는다
그곳엔 꿈이 있었고
붉은 아침이 있었다

갇힌 미라는 무슨 생각을 했을까
죽음의 공간
부활의 공간
피라미드의 찬란했던 빛들
모두 묻어 놓고 쿠푸 왕은
무엇을 붙잡고 있었던가

그 뿌리 끝엔

어둡고 적막뿐인데
아직도 파라오의 욕망을
지키고 있는 스핑크스

소녀상 앞에서

보리밭 지나 개울 건너
소쩍새 울음소리 강마을 흔들던 거기
뱀딸기 익어 가고 봄꽃 만발하던 날
소리 없이 가는 잔인한 오월
엉킨 물뱀들같이
어린 여자들 싣고 떠났네

그곳은 바람도 사람도
눈도 귀도 지탱하기 힘든
흰빛은 너무 멀고 사방이 온통 진흙탕 속이었지
두드릴 곳 하나 없는 심연 속
별과 달을 쳐다보며 고향 생각 가득할 때
하늘은 높고도 깊었네
어둠을 깎아내고 살을 깎아내고
녹슬어 가는 가슴 일으켜 세우며
오래오래 부끄러워했던 세월
어느새 백발이 되었네

결코 온순하지 않은 울림들
오랫동안 묻혀 있던 이야기들

이 땅을 울리네
상록수광장 앞,
온몸으로 절규하는 어린 소녀상

침묵이 깨어졌네

별이 지다

— 이근식 선생님을 추모하며

큰 별이 떨어졌다
별 하나 떨어졌을 뿐인데
하늘이 텅 비었구나
경주가 텅 비었구나

눈이 부시게 푸른 가을날
선생님 소풍 떠나셨네
흰 구름 한 자락 걸쳐 입고서
국화 송이송이 안고
기척 없이 하늘 문 열고 떠나셨네

북창 열어 놓고 텅 빈 하늘 바라보니
물결처럼 밀려오는 선생님의 가르침
풀벌레 소리 되어 쉼없이 들려오네
잠시 머물다 간 세상
노자의 물처럼 흐르다 영영 돌아오지 않을
아득한 그곳으로 떠나셨네

다시 꽃이 피고 지는 동안
오래 그리움으로 남아 있을 것이네

불어온 바람에 산새 울음소리 실려 와
어느새 저물어 가는 가을빛이 철철 울고 있구나

푸른 방, 일기

기침을 했을 뿐인데 허리 골절이라네
뭐라고 하나 이 고통

척추 없는 십이월에 묶여
날마다 푸른 형광등 불빛만
허리에 달라붙어 끊어낼 수 없는
아득함을 견디고 있다네

몸은 병실 속에 뿌리내리고
수인처럼 누운 귀는 늘어져
시끄러운 세상 소리 죄다 담아
새장에 갇힌 새처럼 파닥거리며
이 순간을 길들이는 중이라네

창가에 언 달빛 꿈쩍도 않고
불면의 밤은 깊어만 가네
섬처럼 던져진 푸른 방
시간을 죽이는 일도 쉽지 않은 것

이 겨울은 오래도록 눌러앉아 있을 것만 같네

해설

정갈하고 단아한 서정

이 태 수 〈시인〉

해설

정갈하고 단아한 서정

이 태 수 <시인>

i) 구영숙 시인의 시는 정갈하고 단아端雅하다. 그리움과 기다림의 정서를 특유의 예민한 감각과 섬세한 감성으로 빚어 보인다. 돌아오지 않거나 잃어버린 세월과 사람에 대한 상실감은 애틋한 비애悲哀를 동반하게 마련이다. 하지만 궁극적으로는 그 파토스들을 겸허하고 조신한 자기성찰自己省察과 삶의 지혜로 감싸 안는 미덕을 저버리지는 않는다.

시인은 현실에서 조우하는 아픔과 상처들이 짙은 빛깔을 띠고 있음에도 그 속에 함몰되거나 좌초되지 않는 의지를 부둥켜안는다. 순응과 체념, 초극超克을 향한 은밀한 대응과 도전정신이 상호 길항拮抗하는 양상을 띠지만, 그 복합적인 감정들을 진솔眞率하게 드러내면서도 순화된 서정적 언어로 녹이고 삭이려는 예지叡智를 견지하기 때문으로 보인다.

시인은 유난히 봄과 꽃을 선호하며, 고향의 옛집과 그 시절 가족들과의 추억에 빠져들곤 한다. 생동하는 봄과 그 상징인 꽃은 상실과 인고忍苦의 계절(가을과 겨울)과는 대조적으로 그리워하고 기다리게 하는 대상이며, 고향집은 무상無常 속에 묻힌 지난날이 그립게 할 뿐 아니라 그런 삶을 꿈꾸고 회귀回歸하고도 싶게 하는 '아름다운 기억의 공간'으로 자리매김하고 있기 때문일 것이다.

시인은 가까운 가족은 물론 소외疏外되거나 고통 받는 사람들이나 하찮은 사물들에까지 따스한 배려와 연민憐憫, 나눔과 베풂을 끼얹고 포개는 휴머니티를 은은하게 발산하기도 한다. 이 같은 마음자리는 쓸쓸하고 외로울 수밖에 없는 현실적 삶을 함께하려는 공동체의식과도 무관하지 않아 보인다.

ii) 사군자 가운데 매화梅花는 봄의 전령이며 정령과도 같은 꽃이다. 옛 선비들은 이른 봄의 뜰에 핀 매화(설중매雪中梅는 늦겨울에 개화)를 각별히 좋아했으며, 책을 읽고 글을 쓰다가 한지(화선지)에 이 꽃을 즐겨 그렸다. 주로 수묵화였으나 색채를 곁들인 수묵담채水墨淡彩로 그리는 경우도 적지 않았다. 선비들뿐 아니라 글공부를 하는 여성들도 사군자를

즐기고 그림으로 옮기기도 했다.

구영숙 시인은 언어예술인 시를 쓰지만, 묵향墨香의 매력에도 탐닉하는 '현대판 여성 선비'라는 느낌을 안겨 준다. 시인은 이른 봄날 고향의 옛집 마당에 서 있던 매화나무를 떠올려 그리면서 매화 같은 '마음의 그림'을 정갈한 수묵화처럼 펼쳐낸다.

매화 그리다
먹물 번지는 소리 듣는다

줄기를 타고 번져 가는
고요한 흔들림

옛집 마당에 서 있던
한 그루 매화나무
화선지에 기대어 놓고

검고 고요한 저녁 빛
붉은 꽃잎에 풀어 넣는다

동글동글
봄이 벌어진다

우레 같은 가슴에 봄이 매화를
슬어 놓고 간다

—「이른 봄날」 전문

화선지에 매화를 그리면서 먹물 번지는 소리를 들을 정도로 시인의 감각은 예민하고 감성은 섬세하다. 수묵으로 매화나무 줄기와 꽃들의 형상을 이루는(그리는) 과정을 "고요한 흔들림"이라거나, 옛집 마당의 매화나무를 끌어들여 그리는 이 꽃나무를 화선지에 기대어 놓는다는 표현도 섬세하고 예민한 감각과 감성의 무늬가 아닐 수 없다.

더구나 수묵을 "검고 고요한 저녁 빛"이라 여기면서 그 빛을 매화의 "붉은 꽃잎에 풀어 넣는다"거나 매화의 형상을 "동글동글 / 봄이 벌어진다"라고 묘사하고 있어 그야말로 점입가경漸入佳境을 연출한다. 특히 마지막 연의 "우레 같은 가슴에 봄이 매화를 / 슬어 놓고 간다"는 표현은 돋보인다. 자신이 그린 매화를 천둥 치는 듯한 가슴에 봄이 와서 슬어 놓고 간 것으로 그리고 있기 때문이다. 시인에게는 이같이 봄과 꽃은 간절한 기다림과 그리움의 대상으로 자리매김한다.

한편, 자목련이 피어 있는 밤을 노래한 「봄밤」에서는 창문에 일렁이는 골목의 자목련 그림자를 가까이 끌어당겨 바라보는가 하면, 바깥으로 나가 "양철지붕 위로 / 신발 벗고

/ 봄꽃들이 눕는다"며, 그 향기를 "아주 가끔 별이 와서 / 몸을 섞고 가는 저 향기"라고 노래하기도 하고, "속살처럼 부드러운 달빛 / 자목련 그림자 다 지우기까지 / 처마 끝에 앉아 / 가만히 귀 기울이"지만, 이 정황情況에서도 자신을 들여다보면서는 "내 몸속 / 텅 빈 꽃대궁 / 어질어질 어지러워라"고 토로吐露한다.

그렇다면 봄이 와도 시인은 여전히 "우레 같은 가슴"(「이른 봄날」)일 따름이며, 몸속은 "텅 빈 꽃대궁"(「봄밤」) 같고, "황무지 같은 이 가슴"(「꽃물 들면」)인 까닭은 '왜'일까. 봄이 와도 기다리며 그리워하는 지난날의 '그 봄'과 '그 사람'은 돌아오지 않기 때문이다. 그래서 "사람아 사람아 어디에 있느냐 / 푸른 싱그러움은 어디에 있느냐 / 혼자 떠나 버린 너는 / 산 너머 바람에 흩날리는 / 봄빛같이 아득하구나"(「꽃물 들면」)라고 절규絶叫하게도 된다. 다음의 시도 같은 맥락으로 읽힌다.

꽃은 피는데
온 세상 꽃 아닌 것이 없는데
그 봄은 돌아오지 않네

가고 오지 않는 날들

무수히 접어 만든 종이학은
병病 속에서 자라나
기억을 갉아 먹었네

꽃은 피는데
콘크리트 담장 위에도
봄이 텅텅 울리는데
그 봄은 길을 잃었나

꽃은 피는데
온 세상 꽃 아닌 것이 없는데
그 봄은 돌아오지 않네

—「아직도, 그 봄은」 전문

시인은 새봄이 오고 봄꽃들이 지천으로 피어나도 지난날의 '그 봄'은 돌아오지 않는다고 한탄恨歎한다. "무수히 접어 만든 종이학은 / 병病 속에서 자라나 / 기억을 갉아 먹었네"라는 대목이 암시하고 있듯이, 가 버린 '그 봄'은 간절한 기다림과 그리움에도 아랑곳없이 돌아오지 않아 길을 잃었기 때문일까라는 생각까지 하게 된다. 더구나 '꽃=봄'이라는 등식을 통해서는 봄꽃들이 온 세상에 피어도 꽃 같은 지난날의 '그 꽃'의 세상이 오지 않는다는 상실감은 그만큼 지난날

홀로 떠나 버린 사람과의 '그 봄'이 그립기 때문일 것이다.

미세한 기미機微에도 감각을 활짝 열어 놓고 그 소리까지 감지感知하는 시인에게 꽃은 이같이 그리움을 촉발하는 대상이며, 영영 이별한 사람을 못 잊게 하고, 철없이 푸르기만 했던 시절과 후회 많은 이별을 눈물로 되돌아보게 하는 대상이기도 하다. 시인은 잃어버려 몽매夢寐에도 그리운 사람을 향한 애틋하고 절절한 심정을

아주 늦도록 마음 앉혀 놓고
새끼손톱만큼 작아질 때까지
모란 곁에 서 있어야지

<중략>

모란이 뚝뚝 떨어지는 저녁을
오래도록 서성이다 돌아온 길

저무는 길목에 자줏빛 속의 얼굴
그 얼굴 아직도 시들지 않았네

—「모란이 피면」 부분

라고 처연하게 노래한다. 새끼손톱만큼 작아질 때까지 밤늦

도록 마음을 눌러 앉혀 모란 곁에 서 있겠다든가, 그 꽃이 지는 길을 오래 서성이고, 모란 꽃잎 속의 '그 얼굴'이 시들지 않았다고 여기는 건 '그 사람'을 그만큼 못 잊어 하기 때문임은 두말할 나위가 없다. 이 같은 비애는 "비록 내 신발은 다 낡아 버렸지만 / 다시 그 저녁 속을 오래도록 걸을 테야"(같은 시)라는 결기까지 낳기도 한다.

봄이 오고 꽃이 필 때와는 사뭇 다르게 봄이 가고 꽃이 질 때의 감정은 어떤 빛깔이며, 마음이 어느 쪽으로 움직여 가게 되는 걸까. 봄을 기다려도 기억 속의 '그 봄'은 오지 않아 애태우는 심경心境과도 어떻게 다를까. 감각과 감성이 예민하고 섬세하기 때문에 더욱 짙은 비애에 젖어들게 되지나 않을는지…….

감나무와 자신을 아우르며 바라보는 「감꽃 내리는 날」은 꽃이 질 때의 '마음의 그림'을 보여 주는 시다. 너무 기다려서 그런 걸까, 시인은 "누가 왔다 갔을까 / 텅 빈 마당에 벗어 놓고 간 발자국 / 바람이 와서 쿡쿡 발을 넣어 본다"고, 그리운 사람의 보이지도 않는 발자국을 떠올리며, 바람이 그 발자국에 발을 넣어 본다는 환상幻想에 빠져든다. 이 환상은 "오래 닫아 둔 창을 열고 / 기별 없이 오는 바람의 손 잡고 / 감꽃 내리는 소리"를 듣게 한다. 심지어 그리운 '그 사람'이 '바람'으로 환치換置되는 지경에 이르게도 한다.

꽃 진 자리마다
낮익은 햇살 머물다 돌아가면
야윈 목 치켜들고
그리움만 깊어지는데

길어진 그림자 세워 두고
누군가를 기다리며
그늘 깊은 마당에 마주 서 있는
감나무 한 그루

바람이 불 때마다
휘어지는 가지 끝에
두 귀가 걸린다

—「감꽃 내리는 날」 부분

감꽃이 진 자리마다 햇살이 스쳐 가면 그리움이 그 자리마다 야윈 목을 치켜들 정도로 농도濃度를 더할 뿐 아니라, 그늘 깊은 마당에 서 있는 그림자가 긴 화자와 감나무는 마주 선 관계로 바뀌게 되고, 이윽고 화자와 감나무는 공동운명체로 발전하게도 된다. '누군가'(기다리는 사람)의 발소리와 바람소리가 다르지 않게 되는 환상은 화자가 두 귀를 활짝 열고 있듯이 감나무 가지 끝에도 두 귀가 걸리게 되기 때문일 것이다. 이는 구영숙이 가고 없는 사람을 몽매에도 그리워하는 시인이라는 사실을 여실히 말해 준다.

iii) 그리움과 기다림의 시인으로서의 구영숙은 과연 일상日常 속에서는 어떤 모습으로 살아가는 여성일까. 그 모습들은 적지 않은 시편들에 진솔하고 겸허한 결과 무늬들로 아로새겨져 있다. 시인은 어쩌면 “구절초 줄기처럼 가늘게 휘청거리며 / 바람이 당기면 당기는 대로 흔들리며 가는”(「저 여자 1」) 연약軟弱한 여자인지 모른다. 「화분이 있는 창」에서 넋두리처럼 읊고 있듯이 “콘크리트 껍질에 둘러싸여 / 빈틈없이 꽉 닫힌 고요 / 그 속으로 들어가는 여자”이며, “손을 뻗으면 일용할 희망이 / 잡힐 것 같은 형광 불빛 / 그 아래서 밥을 짓는” 여자이고, 비어 있는 “저 화분 속으로 들어가 / 꽃을 피우고 싶은 여자”인 주부이기도 하지만,

> 꼬리 아홉 달린 여우 같은 저 여자
> 장미 같은 붉은 입술로
> 목석같은 지아비 반나절도 안 되어
> 수다쟁이로 만드는 저 여자
> 두레상 둘러앉아 시어머니와 눈 맞춤 하고
> 밥숟갈에 굴비 얹어 주는 저 여자

복숭앗빛 닮은 딸아이 셋
조롱조롱 매달고
봄바람 속 산수유꽃처럼 피는 저 여자
푸른 바람 부는 들녘으로
푸성귀 자라는 앞마당으로
온종일 춤을 추는 그녀의 발
몸이 가벼워
어떤 시간도 놓치지 않는 저 여자
이런들 저런들 화내는 일 없이
박꽃같이 웃는

—「저 여자 2」 전문

그런 여자와도 별반 다르지 않고, "외아들 사고로 잃고 비만 오면 / 거리를 헤매다 캄캄한 길 돌아오는 여자"요, "뒤축 무너진 만큼 몰고 온 적막감으로 / 젖어"(「저 여자 3」) 있는 한 많은 여자일는지도 모른다. 말하자면 범상凡常한 중년여성과 그다지 다르지 않을 수도 있을 것이다.

하지만 시인은 그런 범상한 차원을 넘어서서 조신하고 겸허하며 남(모든 사물)에게 배려하고 나누는 마음자리를 아름답게 드러내 보이곤 한다. 우편함郵便函의 거미줄과 거미를 목도하는 심상풍경心象風景을 그린 「봄 저녁」에서는 거미와 화자 사이를 "무수한 생각이 위태롭게" 맴돌 지경으로 예사롭게 보지는 않는다. 제집인 양 우편함 속에 웅크린 거미가 자신의 손가락이 닿을까 봐 두려워하는 눈빛 때문에 "내 숨소리 빗자루로 쓸어낸다 / 갇혀 버린 저 발길 / 저 생生을 위해 비켜서는 내 그림자 / 모과나무 뒤로 숨는다"고도 한다.

우편물이 거의 오지 않아 비어 있는 우편함이 제집인 양 살고 있는 거미에 대한 배려는 자신의 숨소리를 죽이고 자신의 그림자를 비켜서 모과木瓜나무 뒤로 숨기도 한다는 것이 어디 예사로운 일인가. 이는 모과에 대한 관찰이면서 자신의 삶에 대한 성찰로도 보이게 한다. 시장에서 사 온 모과들에 마음을 끼얹고 있는 「모과 곁에서」도 이 같은 시인의 마음을 은은하면서도 선연하게 보여 준다.

빛이 모인 모과
가만히 뺨을 기대어 보면
새들이 앉았다 떠나간 소리 들리고
꿀벌들 잉잉대며 놀다 돌아간 뒤의
적막도 들리고
한때 타오르던 뜨거운 열정 지나간 뒤
그 쓸쓸함도 들리는데

모과는 알고 있을까
제 속에 저것들 죄다 데리고 온 것을

상처 난 모과에서 만들어내는 저 향기
누군가가 그리워 밤새 아파 본 적 있는 사람은 안다
상처엔 향기까지 품고 있다는 것을

오늘, 내 속에 모과나무 한 주 심어 놓고
그 향기에 오래오래 몸 지져 본다

—「모과 곁에서」 부분

모과의 결실結實 과정을 아름답고 뜨거우며 쓸쓸하게도 상상하면서 모과가 그 과정을 다 데리고 온 것을 알고 있는지 되묻기도 하는 이 시는 그중에서도 상처 난 모과의 향기에 각별히 마음을 가져간다. "누군가가 그리워 밤새 아파 본 적 있는 사람은 안다 / 상처엔 향기까지 품고 있다는 것을"이라는 대목은 특히 눈길과 마음이 머물게 한다. 이 대목은 상처 난 모과에 대한 연민이면서 바로 화자 자신의 그리워서 아픈 상처에 대한 성찰이기도 하기 때문이다. 그 여운은 마지막 연 "오늘, 내 속에 모과나무 한 주 심어 놓고 / 그 향기에 오래오래 몸 지져 본다"는 구절이 잘 받쳐 주고 있다.

버려진 의자 밑 그늘에 길을 잃고 숨어든 고양이에 마음을 포개는 「의자 밑 그늘 속」, 나뭇가지에 앉아 울다 간 새와 그 여운이 울 수 없는 마음을 부추기는 「봄 그늘에」, 연꽃은 보이지 않고 배롱꽃들만 못가에 미안한 듯 피어 있는 서출지書出池에서의 느낌을 그린 「연꽃 보러 갔더니」, "영원히 떠나지 않을 것 같던 / 그 사랑도 떠나가듯 / 그렇게 연꽃은 지고 있네"라고 노래한 「연꽃 지는 길」 등에서도 일상인으로 흔히 조우하는 동물이나 꽃들이 촉발하는 느낌과 그 파토스들을 특유의 감성적인 언어로 길어 올려놓았다.

시인은 길을 나서면서도 "어제는 기억에도 없고 / 오늘은 낯설"지만 "꽃물에 젖어 든 하루"(「하루」)를 보내거나, 빈 호수가 젖고 그 속에 비친 산이 젖지만 거기 눌러앉아 미동도 하지 않는 나무(「우중」)에 눈길을 보내며, "산자락 곁에 작고 눈이 젖은 / 흰뺨검둥오리가 뛰어들고 / 흔들리는 강물 속으로 / 하늘이 비켜"(「서천」)서는 모습을 목도하기도 한다. 게다가 때로는

> 십 리 벚꽃 길 따라 쌍계사 가는 길
> 바람의 손이 쓸고 간다
> 꽃잎 하르르 허공을 날아오르며
> "너는 어디서 왔느냐"
> "너는 누구냐"
> 툭 화두를 던진다
>
> —「화두」 부분

라고 느끼면서 시선을 내부內部로 돌리며, "시간이 멈춘, 섬 / 언덕 위에 떠 있는 / 양귀비꽃 / 온몸으로 황홀한 춤을 춘다"(「청산도, 봄」)고, 내면의 뜨거움을 투영해 보이기도 한다. 시인의 이 같은 생활인으로서의 마음자리는 오랜 세월 동안 세상의 적잖은 풍상風霜을 겪으면서 터득한 삶의 지혜에서 비롯되고 있는 것으로 읽힌다.

살구나무 꽃 피는 아침 무늬처럼
살라 한다

눈에 가득 순한 웃음 담고
꽃잎에 맺힌 이슬방울같이
살라 한다

분노도 침 삼키듯 넘겨 버리고
시끄러운 마음 붙들어 앉혀
생각도 재처럼 가라앉히고
물처럼 바람처럼 살라 한다

듣다가 듣다가
내 귀가 너무 늘어져
이 시들한 세상에 가끔 너도

이빨을 드러내잖니
눈 말갛게 뜨고 대들어 본다

—「바람은 내게」 전문

지극히 여성적인 감성으로 세월이 안겨 준 삶의 지혜를 노래하고 있는 이 시는 박목월朴木月의 「산이 날 에워싸고」를 연상케 하기도 하지만, 자연에 순응하고 친화親和하려는 운명론을 보이는 그 시에 비해 현대적인 정서가 두드러지며, 맑고 깨끗한 삶을 지향하면서도 순응을 넘어서서 대응과 도전의 정신까지 내비치고 있는 점이 크게 다르다.

시인은 삶의 덕목德目을 살구나무 꽃 피는 아침 무늬나 순한 웃음, 꽃잎에 맺힌 이슬방울과 같이 맑고 순하고 깨끗해지려는 데 무게를 싣기도 하지만, 분노를 삼켜 넘기고 시끄러운 마음을 애써 억제하며 생각도 가라앉혀 물처럼 바람처럼 살려는 자세뿐 아니라 거칠게 부는("이빨을 드러내는") 바람처럼 "눈 말갛게 뜨고 대들어" 보려는 적극적인 대응과 도전의식을 감추지 않고 있다. 이 시는 이 시인의 삶의 자세를 완곡하게 시사示唆한다는 점에서 눈여겨보게 한다.

ⅳ) 그러나 시인의 감정이 움직여 가는 방향이 다양하고 다채로워 발길이 닿는 곳들에 따라가 그곳에서의 생각과 느

낌들을 들여다보지 않을 수 없게 한다. 시인은 꽃이나 동물(벌레)을 들여다보면서 시선을 내부로 돌리고, 바닷가나 이국異國의 강에 이르러서도 궁극적으로는 자기성찰로 귀결되는 내면풍경과 삶의 파토스들을 떠올려 보이게 마련이다.

서로 그리움만 남겨 둔 채
엇갈리는 인연
꽃은 잎을 볼 수 없고
잎은 꽃을 볼 수 없는
영원히 어긋나는

저 울음처럼 솟아나는 꽃대를 보라
가슴 찢고 나오는 저 붉은빛을 보라
손 닿으면 금방이라도
붉게 스밀 것 같은 꽃아
얼마나 외로움을 우려내면
그 빛이 될 수 있니

—「꽃무릇」 전문

꽃무릇의 꽃잎과 줄기의 잎을 서로 보지 못하는 "엇갈리는 인연"으로 바라보고 있는 이 시는 꽃무릇의 붉은 꽃대(꽃)를 가슴을 찢고 솟아난 울음으로, 꽃의 붉은빛을 외로움을 우려낸 빛깔로 들여다본다. 이 같은 시선은 꽃무릇을 통해 자신의 내면을 성찰하는 경우에 다름 아니며, 꽃무릇에 감정이입感情移入을 해 어긋난 인연의 애달픈 사랑을 노래하고 있는 경우라 할 수도 있을 것 같다. 깊은 달밤에 골목길의 귀뚜라미 소리를 들으며 외로움에 빠져드는 심경을 그린 「귀뚜라미」도 같은 선상에 놓고 읽어 볼 수 있다.

누구의 소유도 아닌 저것
저 작은 숨결에서 나온 가락
어떤 음악이 이토록 심장에
와 박힐 수 있을까

깊은 밤
명주실처럼 퍼져 나간 골목길
달빛과 귀뚜라미 소리가
겹겹으로 쌓여 가을이 운다

적막보다 돌아오지 않는
푸름 안고 목말라하는
이 빈껍데기가 더 두려운 지금
물방울 같은 소리로 허공에 꽂히는
너의 목소리는 이리도 푸르다니

—「귀뚜라미」 부분

적막寂寞한 심장에 와서 박히는 귀뚜라미 소리가 "돌아오지 않는 / 푸름"을 목마르게 하는 화자의 심경은 '우는 가을'이며 '푸름을 목말라하는 빈껍데기'다. 더구나 누구나 들을 수 있는 물방울같이 투명하고 푸른 귀뚜라미 소리가 달빛과 어우러져 골목길에 명주실처럼 퍼져나가며 겹겹으로 쌓여 돌아오지 않는 날들(푸름)을 안고 목말라하게 한다.

이 시에서 화자는 '가을'이며 '적막'이고 '빈껍데기'인 것은 '푸름'(좋았던 시절)을 잃어버린 채 돌아오지 않기 때문일 것이다. 이렇게 본다면 이 시도 돌이킬 수 없는 사람에 대한 절절한 사랑노래로도 읽을 수 있다. 이 그리움과 상실의 아픔은 바닷가에 이르러 "그리운 동해여 / 너의 파도 소리만큼 그리움이 / 몰려왔다 몰려간다"(「소래포구에서」)고 하거나 "두 귀는 닫아서 / 끝없이 질문하는 파도 소리는 / 듣지 않으리라"(「애월」)는 비감悲感에 빠져들게도 한다. 낯선 강물을 바라보는 심정도 마찬가지다.

> 나는 흘러가네
> 이방인이 되어서 흘러가네
> 이별은 언제나 뒤돌아보지 않고 떠나가네
>
> 마주 잡았던 손길들

악수도 없이 떠나가네

흘러간 것들은 다시 노래가 되어
미라보 다리 아래 떠오르고
고요한 별빛도 강물 따라 흘러가네

흐르는 강물처럼
다시 잡을 수 없는 시간이 흘러가네
사랑도 흘러가고 나도 흘러가네

—「센 강은 흐르고」 전문

프랑스의 시인 기욤 아폴리네르의 「미라보 다리」를 염두에 두고 쓴 듯한 이 시는 아폴리네르와는 달리 센 강을 바라보며 교차하는 이방인으로서의 회한悔恨을 서정적 언어로 물 흐르듯이 그리고 있다. 흐르는 강물처럼 이방인 '나'도, 다시 잡을 수 없는 시간도, 사랑도, 고요한 별빛도 모두 강물 따라 흘러가는 아쉬움을 반추한다.

뒤돌아보지 않고 악수도 없이 떠나간 '이별'(사랑)은 그리움과 회한이 되고 다시 노래가 되어 미라보 다리 아래 떠오른다는 대목은 각별히 가슴 아리게 한다. 흘러가는 것들에 대한 안타까움과 아쉬움을 체념으로 돌리고 있지만, 그렇기 때문에 되레 더욱 처연한 분위기를 빚고 있는 것 같다.

창가에 언 달빛 꿈쩍도 않고
불면의 밤은 깊어만 가네
섬처럼 던져진 푸른 방
시간을 죽이는 일도 쉽지 않은 것

이 겨울은 오래도록 눌러앉아 있을 것만 같네

—「푸른 방, 일기」 부분

눈이 오는가
돌담 길 돌아가는 흰 발자국 소리
오는 이 하나 없는
외따로이 앉은 방 안에서
마당 개 짖는 소리 듣네

저녁은 열리지 않는 덧문에도 몰려오고
푹푹 눈은 내리고
창 속 작은 방, 눈 속에 잠기네
한 여자 눈 속에 갇히네

—「근황」 전문

「푸른 방, 일기」는 겨울의 병상病床에서 쓴 시이며, 「근황」은 눈 내리는 겨울 저물 무렵의 외로운 마음을 그린 근래의 시인 것 같다. 병상에서는 강물을 바라볼 때와는 대조적으로 시간이 흐르지 않으며, 달빛도 창에 얼어붙어 움직이지 않는 것 같고, 밤이 깊어도 잠이 오지 않아 외딴섬처럼 던져져 있다고 느끼는 건 너무나 당연해 보이기도 한다. 그러나 시인이 굳이 그렇게 느낀다고 토로하게 되는 건 병을 앓고 있는 현실의 지독한 갑갑함 때문으로 보인다.

이 같은 갑갑한 상황은 병상에서가 아닌 일상에서도 거의 마찬가지다. 오는 건 푹푹 내리는 눈발과 어둠뿐이고 찾아오는 사람은 없어 외따로울 수밖에 없다. 이 쓸쓸하고 외로운 정황 때문에 마당 개 짖는 소리가 더욱 크게 들리고, "창 속 작은 방"에 외따로이 앉아서도 푹푹 내리는 눈 속에 잠기고 갇히고 있다고 절실하게 느낀다. 이 표현은 헤어날 수 없이 짙은 소외감의 극대화에 다름 아닐 것이다. 시인의 근황이 폭설暴雪 내리는 겨울 저녁의 열리지 않은 덧문 속의 외따롭고 작은 방이라는 비유가 암시하는 바를 거듭 들여다보게 한다.

v) 이 시집의 적지 않은 시편들은 고향의 옛집과 거기서 살던 가족들과의 돌이킬 수 없는 추억들에 주어져 있다. 오랜 세월이 흘러도 기억 속의 고향집은 "어머니의 어머니가 살고 / 오래 묵은 손때가 보여 사는 / 나 태어난 집"(「쌀 안치는 저녁」)일 뿐 아니라 "대청마루 밑으로 기어 들어가면

동전도 있고 몽당연필도 있고 머리핀도 있고, 먼지 사이사이 아버지의 고함도 있고 어머니 울음도 있"(「그 여름」)던 곳이기 때문일 것이다.

그런가 하면, 그 옛집은 "반쯤 열린 대문으로 흑백 속의 아버지 / 화분마다 주술 같은 꽃말 걸어 두고 / 무수한 주름 펴졌다 접어졌다 / 사랑의 눈으로 바라보던 아버지"(「골목 집」)의 모습을 떠올리게 하지 않는가. 시인은 타임머신을 타고 옛날로 거슬러 오르듯 대가족大家族이 오순도순 함께 살던 그 옛집의 분위기를

햇볕 좋은 날
격자무늬 문짝들 모두 마당에 내놓고
온 식구 매달려 누른 창호지
벗겨내던 손길들
깡마른 외할머니 분주히 오가며
묵었던 세간의 먼지 닦으시고
우리들은 새 창호지 다 발라 놓고
곱게 말려 두었던
국화잎 단풍잎 덧붙여 모양내어
담장에 기대 놓으면
바람이 와서 팽팽히 당겨
장구 소리 내던 기억

달빛 그림자 창호지 문에 어른대는
겨울의 기나긴 밤
육 남매 화롯불에 둘러앉아
가래떡, 고구마 구워 먹으며
외할머니의 구수한 옛이야기 듣던 밤
밤새 함박눈 사락사락 내리는 날은
그 소리도 정겹던 겨울 속 풍경들

—「오래된 풍경 속으로」 전문

이라고 묘사한다. 이렇듯 시인에게는 옛집이 잊으려야 잊을 수 없는 '아름다운 기억의 공간'으로 자리매김하고 있다. 세월이 흐르면서 주인이 수없이 바뀌어 "깊이 뿌리 내린 명자나무와 석류나무만이"(「골목집」) 반길 뿐, 그 옛날의 명자나무 "잎사귀에 내려앉은 별들의 영혼"(「붉은별무늬병」)을 더듬게도 하는 무상감과 상실감을 안겨 주어 더욱 그럴는지도 모른다.

그리운 아버지는 시인에게 어린 시절 서리 내리는 날 가꾸던 국화를 가져다주고 긴 장대로 감을 따던 기억 등이 각인돼 있어 "구절초 따다 차를 끓여 / 제에 올렸는데 / 어느 별자리 뒤뜰에 서서 / 감이라도 따고 계시는지"(「상강」)라는 회한에도 젖게 한다. 하지만 아버지보다도 전통적인 부덕婦德으로 자애慈愛로운 어머니, 여섯 남매 중 유독 병약했던 화자에게는 어머니 같았던 언니, 평생 소망하던 자식도 낳지 못한 채 살았던 고모에 대한 연민은 더욱 각별하다.

> 겨울 저녁
> 아버지 귀가 시간 늦어지는 날
> 어김없이 아랫목 이불 속에 묻혀 있는
> 밥 한 그릇, 행여 식을까
> 이불 꼭꼭 덮어 두었지
> <중략>
> 다 늦은 밤
> 밥상 위에 올려놓은 밥 한 그릇
> 자다가 일어나 얼마나 남았는지
> 가만 보고 있으면 아버지 수저를 놓으시고
> 남겨 주던 그 다디단 흰쌀밥
>
> 오월이면 이팝나무 숭얼숭얼 꽃 필 때
> 꼭 생각나더라
>
> —「밥 한 그릇」 부분

녁녁하지 않던 가부장제家父長制 가정의 아버지와 어머니, 자식 사이의 풍경을 떠올려 보이는 이 시는 언제나 따뜻한 쌀밥으로 지아비를 극진히 섬기던 어머니, 잠을 자다가도 그 흰쌀밥을 먹고 싶어 남은 밥을 엿보던 화자(자식), 그 다디단 밥을 남겨 주던 아버지의 배려가 오롯이 그려져 있다. 아직도 시인이 이팝나무의 꽃 필 때 그 쌀밥이 생각나는 건 겨울밤에 어머니가 온돌방 아랫목 이불 밑에 묻어 두던 밥 한 그릇과 그 지극한 정성과도 함수관계函數關係를 가진 것으로 보여진다.

어머니의 자애롭고 자상한 모습은 「반짇고리」에 한결 더 선명하게 살아나 있다. 돋보기, 실패, 바늘꽂이, 헝겊 조각들이 들어 있던 반짇고리를 "어머니의 보물 상자"로 여기는 까닭은 그 속에 어머니의 가족에게 사랑과 정성을 베푸는 갖가지 바느질 도구들이 들어 있기 때문이다.

살구나무 아래 어둠이 내릴 때면
한 점 촛불을 켜고
자식들 해진 옷과 양말 꿰매시던 날들
깁고 이어 붙이는 솜씨가 좋아
명절이 오면 비단 조각
한 땀 한 땀 박음질하여
색동저고리 지어 주시던 일

반짇고리 속엔
온 하루 물소리에 감겨서

분주하게 흐르던 세월 담겨 있고
빛바랜 돋보기 위로
선명하게 남아 있는
젊은 어머니의 얼굴이 웃고 있다

—「반짇고리」 부분

시인은 어머니의 반짇고리를 너무나 소중히 여기고 있어서 그럴까. 저녁에 촛불을 밝혀 놓고 바느질을 하던 솜씨가 되돌아 보일 뿐 아니라 노모老母의 그 반짇고리를 보고 있으면 젊은 시절에 웃고 있는 얼굴까지 선명하게 보이는 것으로 묘사하고 있다. 이같이 애틋한 그리움과 연민은 「검은 눈물」에도 그려지듯이, 꿈속에 어머니가 나비나 항아리 형상으로 나타나기도 하고 "늦도록 틀어 놓은 TV 소리에 얹힌" 것으로 느껴지며, 어머니의 "울음이 화석이 되어 갇히"면서 화자를 천천히 가두기까지 한다.

어머니의 그림자와도 같이 어린 시절 손톱마다 봉숭아 꽃물을 들여 주던 언니가 반신불수半身不隨로 병상에 있는 모습을 바라보는 시선과 평생 자식도 낳지 못하고 홀로 외롭고 괴롭게 살다가 세상을 떠난 고모姑母를 생각하는 마음은 또 어떠한가.

엄마의 그림자 같은 언니가 지금
나무 물고기처럼 몸의 반쪽이 굳어 누워 있다
쓸쓸한 그 여름 저녁 같은 병실
문을 열고 들어서니
팍팍한 삶을 살아온 주름이
날 보고 있다
반쪽의 성한 팔 내밀며 손짓하는 그녀
그 옛날 빈집 같은 풍경으로
희미하게 웃는
저 울음 같은 미소 속에서
봉숭아 씨앗들이 아프게 깨어나고 있다

—「봉숭아」 부분

가족사진 한 장 없이
몸에 깃든 생선 비린내 빠져나갈 틈도 없이
머리 위에서 함지박 내려놓듯이
생을 빠져나가 버린 그녀
지나가 버린 그 시간이 동해 파도처럼
밀려드는 저 골목
둘이 걸으면 딱 맞는 긴 골목길

—「논골담길」 부분

언니의 병상 모습에 가슴 아파하는 「봉숭아」는 시인의 표

현대로 언니가 “나무 물고기처럼 몸의 반쪽이 굳어 누워 있”는 병실病室을 들어서면서는 옛날의 아픈 기억을 이입시키고 고향의 빈집을 아프게 연상하기도 한다. 이 시에서의 “그 여름 저녁”은 어린 시절 “처음으로 쓸쓸함과 적막을 알고, 갑자기 늙은 아이가 되어 버린 그 저녁, 아버지 눈 속에 핀 환한 박꽃이 창백한 내 얼굴을 밝혀 주던 그 여름”(「그 여름」)의 저녁이며, 비어 있는 옛집은 상실감과 박탈감剝奪感의 상징이라 할 수 있지 않은가.

아득히 가 버린 날들과 달리 반신불수인 언니는 “팍팍한 삶을 살아온 주름”뿐이라든가, 성한 팔로 손짓하며 희미하게 웃지만 그 미소微笑는 울음 같다는 심정은 비애와 연민의 극대화에 다름 아니다. 하지만 시인은 언니의 그 “울음 같은 미소 속에서 / 봉숭아 씨앗들이 아프게 깨어나고 있다”고 어린 시절 고향집에서의 아름다운 추억을 반추해 애달픔의 농도를 더욱 짙게 하는 것으로 읽힌다.

시인은 「달집태우기」에서도 고모와의 이별을 “홀로 덩그러니 섬처럼 살다가 / 오늘 망자가 된 고모 / 안동포 수의 곱게 차려입고 / 달집 되어 활활 떠나가고 있다”고 애통哀痛해 했지만, 「논골담길」은 고모의 고단하고 외로웠던 생애를 짙은 연민으로 되돌아보는 절절한 애도시哀悼詩다. 생선을 함지박에 이고 나르며 묵호(동해)의 언덕바지 길고 좁은 골목길의 나지막한 집에서 살다 떠난 고모는 철저히 홀로였으며, 세상도 홀연 떠나 안타까움이 더할 수밖에 없을 것이다. 이 시의 "몸에 깃든 생선 비린내 빠져나갈 틈도 없이 / 머리 위에서 함지박 내려놓듯이 / 생을 빠져나가 버"렸다는 대목은 절절한 여운을 안겨 준다.

고향과 고향 사람들에 대한 일련의 시에는 그 시절이 아름다운 기억으로 자리매김하고 회귀하고 싶은 시절과 그런 공간으로 그려지는 반면 현실에서의 삶은 상실감과 박탈감에서 자유롭지 않은 채 아름다운 기억과 그 추억들이 그리움의 대상일 뿐 아니라 거꾸로 그런 삶을 꿈꾸고 기다리게 하는 대상으로도 그려진다. 더구나 현실을 살아가면서 고통받거나 그 무게에 눌려 세상을 떠난 사람들을 향해서는 따스한 휴머니티와 유난히 짙은 연민을 보내고 있어 이 시인의 아름다운 마음자리를 거듭 들여다보게 한다.

■ 그루 현대시인선 19

오래된 풍경

초판 1쇄 발행 2020년 10월 30일

지은이 구영숙
펴낸이 이은재
펴낸곳 도서출판 그루

출판등록 1983. 3. 26(제1-61호)
06121 서울특별시 강남구 봉은사로 129, 1210호
42452 대구광역시 남구 큰골 3길 30
TEL 02-358-1161, 053-253-7872 / FAX 053-257-7884
E-mail / guroo@guroo.co.kr

값10,000원
ISBN 978-89-8069-428-0